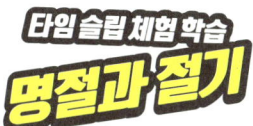

어린이 지식클립 시리즈는
초등학생들이 학교 공부를 토대로 세상을 알아 가는 데
필요한 다양한 배경지식을 재미있는 그림과 알찬 문장으로
소개하는 초등 교양 시리즈입니다.

타임 슬립 체험 학습

명절과 절기

배영하 글 | 홍그림 그림

그레이트 BOOKS

도도랑 바우랑 떠나는 즐거운 시간 여행
우리 명절의 참맛을 함께 즐겨요!

'명절' 하면 무엇이 떠오르나요? 많은 친구들이 떡국 먹는 설날과 송편 먹는 추석을 떠올릴 거예요. 우리 조상들은 예로부터 계절에 따라 좋은 날을 골라 자연과 조상에 감사하며 음식을 해 먹고 놀이를 즐겼어요. 이 날이 이어져 '명절'이 되었지요.

그런데 달력에 보면 명절 말고도 잘 모르는 날이 꽤 있어요. 소한, 경칩, 입추, 동지…, 이런 날들을 '절기'라고 해요. 절기는 농사와 관련된 날이에요. 사계절의 변화가 뚜렷한 우리나라에서 농사를 잘 지으려면 계절의 변화를 잘 알아야 했어요. 그래서 조상들은 한 해를 24절기로 나누어 계절을 더욱 세세하게 구분하고, 그에 맞춰 농사일을 했답니다. 그리고 절기에 맞추어 풍년을 기원하고, 복을 빌고, 추수를 감사하는 여러 가지 행사를 치렀지요.

이렇게 명절과 절기에 하는 일과 놀이, 먹는 음식, 입는 옷 등 해마다 일정한 시기에 되풀이되는 다양한 생활 모습을 세시 풍속이라고 해요. 설날에 세배를 드리고, 떡국을 먹고, 윷놀이를 하는 것 등이 모두 세시 풍속이지요.

오늘날 세시 풍속은 점점 사라지고 있어요. 농사가 중심이던 옛날과 달리 지금은 많은 사람들이 다양한 직업을 가지고 도시에서 살아가요. 그러다 보니 생활 모습도 달라지고, 자연스럽게 세시 풍속도 변하게 되었지요.

하지만 달라지지 않은 게 있어요. 바로 가족과 친척, 친구, 이웃이 더불어 살아간다는 거예요. 우리 조상들은 함께 어우러져 그동안의 수고를 격려하며 세시 풍속을 즐겼어요. 그 뜻을 새기며 명절에 가족과 친척 들이 모여 서로 덕담을 나누며 즐거운 시간을 보낸다면, 더 즐겁고 힘이 나겠죠?

또한 세시 풍속은 일 년 열두 달을 좀 더 재미있게 보낼 수 있게 해 줘요. 함께 모여 떡국도 먹고, 부럼을 깨물며 건강을 기원하고, 저마다 솜씨를 발휘하여 송편도 빚어 보고요. 계절마다 즐거운 이벤트가 더해지면, 우리 하루하루가 좀 더 행복해 질 거예요.

한편 세시 풍속에는 우리 조상들의 삶과 지혜가 녹아 있어요. 계절의 변화와 농사일을 기반으로 한 조상들의 문화를 이해하면 우리의 역사와 문화를 이해하는 데 도움이 되지요.

《타임 슬립 체험 학습 명절과 절기》에서는 도도와 바우가 과거로 여행을 떠나요. 명절과 절기를 즐기는 마음으로 함께 여행을 떠나 보세요. 옛것을 이해하며 오늘날 간직해야 할 소중한 가치를 떠올려 보길 바랍니다.

2021년 9월
배영하

등장인물

"도도야!"

동물을 좋아하고, 뛰어노는 걸 좋아하는 열 살 어린이. 학교가 끝나고 놀 때면 언제나 반려견 도도를 데리고 다닌다. 영재 강아지 도도의 재주를 친구들에게 자랑할 때가 가장 즐겁다.

바우네 집에서 함께 사는 강아지. 어느 날 아침, 바우네 집 앞에서 발견되어 함께 지낸 지 일 년이 되었다. 바우가 시키는 건 척척 해내는 영재 강아지. 혼자만의 비밀을 갖고 있다. 예스러운 물건을 좋아한다.

"앗, 복주머니다!"

차례

 바우네 집 단옷날… 10

1장 봄
음력 1월~3월 우리 명절 15
설날 16 · 정월 대보름 26 · 삼짇날 38 · 한식 42

도도의 우리 문화 노트
음력과 양력, 뭐가 달라요? 36
장 담그는 날 40
왜 한식날에는 불을 끄지 않을까? 44

2장 여름
음력 4월~6월 우리 명절 47
초파일 48 · 단오 50 · 유두 58

도도의 우리 문화 노트
복날에는 왜 삼계탕을 먹을까? 60

3장 가을
음력 7월~9월 우리 명절 63
백중날 64 · 한가위 66 · 중양절 72

도도의 우리 문화 노트
견우와 직녀가 만나는 날 칠월 칠석 74

4장 겨울 음력 10월~12월 우리 명절　　77

상달 78 ◦ 동지 84 ◦ 섣달 그믐 88

도도의 우리 문화 노트
우리 집을 지키는 신들은? 80
겨울이 시작되기 전, 김장을 해요 82

5장 계절 따라 농사를 지어요 24절기　　91

절기가 뭐냐고? 94 ◦ 봄의 절기 96 ◦ 여름의 절기 98 ◦
가을의 절기 100 ◦ 겨울의 절기 102

6장 열두 동물 이야기 해와 시간의 이름　　105

열두 띠가 뭐냐고? 108 ◦ 시간도 열두 동물로 정해요 112

도도 가방에는…　　114

바우네 집
단옷날…

설날  음력 1월 1일

까악!

으아아아~ 눈썹이 하얘!

헉!

복을 바라는 복조리

"할머니, 이게 뭐예요?"

바우가 벽에 걸린 낯선 물건을 보며 물었어요.

"아니, 그걸 몰라? 복조리 아니냐. 올해도 복 많이 건져야지!"

조리는 대나무를 엮어 만든 도구예요. 요즘에는 잘 쓰지 않지만, 옛날에는 쌀을 씻을 때 돌이나 이물질을 가려내는 데 썼지요. 새해 첫날에 걸어 두면 복을 많이 건져 낸다고 해서 '복조리'라고 불렀어요.

도도는 복조리가 마음에 쏙 드나 봐요. 할머니가 보지 않는 사이에 하나를 쏙 빼서 가방에 챙겼지요.

"호호, 정말 멋진 기념품이야! 내 방에 걸어 둬야지!"

까치 소리

문밖에서 '까악까악' 새소리가 들려와요.

할머니가 부엌에서 후다닥 뛰어나가더니, 흐뭇하게 까치를 바라보네요.

"까치 소리를 들었으니, 올해 풍년이겠구나!"

옛날에는 설날 새벽, 밖으로 나가 거리를 무작정 돌아다니다가 처음 들리는 동물 소리나 사람 소리로 그해 일 년 운을 점쳤대요. 까치 소리를 먼저 들으면 풍년이 들고 행운이 오며, 참새 소리나 까마귀 소리를 먼저 들으면 흉년이 들거나 불행이 올 조짐이라고 믿었어요. 사람 소리를 먼저 들으면 이도 저도 아니라고 여겼지요.

반갑구나, 까치야!

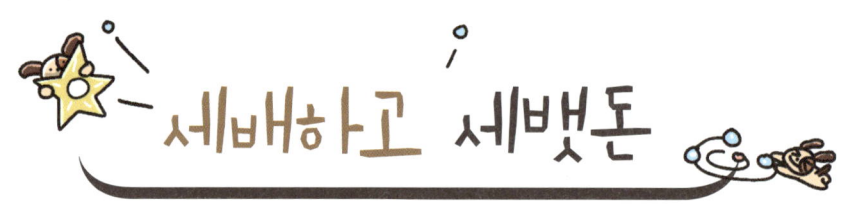

세배하고 세뱃돈

바우와 도도는 깨끗이 씻고 고운 옷을 입었어요. 설날에 입으라고 어머니가 정성스레 지어 주신 설빔이지요.

설날에는 설빔을 입고 조상께 차례를 지낸 뒤, 웃어른께 새해 인사인 세배를 해요. 바우와 도도도 차례를 지내고 할머니, 아버지, 어머니께 세배를 드렸지요.

"새해에도 건강하게 쑥쑥 자라거라!"

할머니가 덕담을 하며 세뱃돈을 주셨어요. 세뱃돈은 '복돈'이라고도 하는데, 아이들에게 떡, 과자 등을 나눠 주며 함께 주지요.

떡국 먹어야 한 살 더 먹지!

설날 아침에는 온 가족이 모여 떡국을 먹어요. 떡국은 차례 상에 올리는 설날 대표 음식이에요. '떡국을 먹어야 한 살을 먹는다.'라는 말이 있을 정도지요.

떡국은 새하얀 떡처럼 몸과 마음을 깨끗하게 하여 한 해를 시작하자는 의미를 담고 있어요. 또 기다란 가래떡처럼 오래오래 살라는 뜻도 있고요. 가래떡을 동그란 엽전 모양으로 썰어 넣는 건 엽전이 불어나듯 재산이 불어나길 바라는 마음을 담은 거래요.

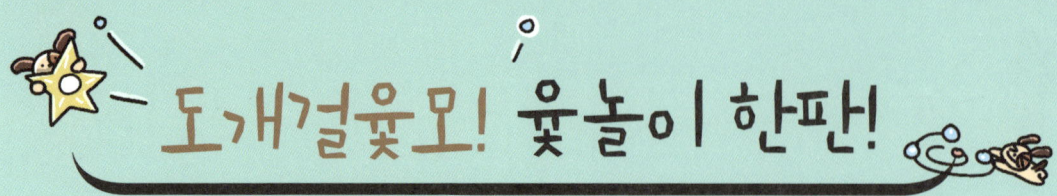
도개걸윷모! 윷놀이 한판!

바우네집 마당에 윷놀이판이 펼쳐졌어요.

윷놀이는 설날에 가장 많이 하는 놀이예요. 가족과 함께 집 안에서도 하고, 마을 사람들과 집 밖에서도 했던 재미있는 놀이지요.

바우네와 복길이네가 한판 승부를 벌이고 있어요. 이제 바우가 개나 걸만 던지면 승리예요.

"자, 간다~ 간다~ 개만 나와라!"

바우의 윷이 하늘 높이 날아요. 하지만 결과는 '도'!

복길이가 폴짝폴짝 뛰며 기뻐해요.

"헤헤, 기다려라~ 내가 간다!"

복길이가 던진 윷은 '걸'! 복길이의 말이 먼저 들어왔네요.

"어이구, 오라버니 또 복길이 언니한테 졌네, 졌어!" 도도가 혀를 쯧쯧 찼어요.

널뛰기도 하고

"오라버니, 내가 승부를 보겠어!"

이번에는 도도와 복길이의 널뛰기 한판이 펼쳐졌어요.

"도도야, 누가 높이 뛰나 대결이다!"

복길이가 두 주먹을 단단히 쥐었어요. 도도는 댕기를 입에 물었지요.

바깥출입이 자유롭지 못했던 조선 시대에, 여자들은 널뛰기를 하며 담장 밖 세상을 구경했대요.

아함~ 졸려.

연도 날리고

도도와 복길이의 승부는 쉽게 끝나지 않았어요. 누구 하나 지지 않고 펄쩍펄쩍 널을 뛰었지요.

"너네가 지칠 때까지 난 연이나 날릴게."

지켜보던 바우는 하품을 하고는 연을 들었어요.

남자들은 설부터 정월 대보름까지 연날리기를 즐겼다지요.

"이야호!"

"날려 버릴테닷!"

정월 대보름

음력 **1월 15일**

- ★ **이름** : 야광귀
- ★ **키** : 130cm 정도
- ★ **특징** : 눈이 튀어나와 있고, 색동저고리를 입고 다닌다. 신발이 없어 맨발로 다닌다.
- ★ **좋아하는 것** : 숫자 세기. 자기가 이 세상에서 셈을 가장 잘한다고 생각하고 있음. 그래서 체를 보면 작은 입으로 중얼거리며 구멍 숫자를 헤아림. 하지만 정작 숫자를 잘 몰라서 하나, 둘, 셋, 넷까지 헤아리고 다시 처음부터 헤아리느라 시간을 다 써 버림.

"나한테 꼭 맞는 신발 어디 없나?"

"오호라, 요 집에 들어가 볼까?"

오곡밥 먹고 동제 치르고

정월 대보름 전날 저녁, 바우네 가족은 오곡밥과 겨우내 말려 놓은 나물을 먹으며 한 해 농사가 잘되기를 기원했어요. 오곡밥은 쌀, 팥, 콩, 수수, 기장을 넣고 지은 잡곡밥이에요. 약밥의 재료인 밤이나 대추를 구하기 힘든 서민들이 약밥 대신 지어 먹은 데서 유래했죠. 또 복을 비는 마음으로 배춧잎이나 김에 밥을 싼 복쌈을 배불리 먹기도 했어요.

새벽이 밝아 오면 마을 사람들이 모여 동제를 올려요. 동제는 마을을 지켜 주는 마을신을 위한 제사인데, 보통 마을 입구에 있는 서낭당에서 지내지요. 제사를 올리며 마을 사람들은 모두 아무 탈 없이 평안하고, 농사가 잘되기를 빌었어요.

부럼을 아작아작

정월 대보름 아침에 바우네 가족은 부럼을 깨물고, 귀밝이술을 마셨어요. 부럼은 밤, 호두, 은행, 잣, 땅콩 등 딱딱한 열매를 말하는데, 탁 깨물어 이를 튼튼하게 하고, 부스럼을 예방한다는 의미를 담고 있지요.

귀밝이술은 귀가 밝아지라고 마시는 술인데, 어른부터 아이까지 온 가족이 마신답니다. 할머니는 "귀 밝아라, 눈 밝아라."라고 덕담을 하며 바우와 도도 입술에 술을 묻히셨죠. "너희는 아직 어리니까, 마신 걸로 치자!" 하셨답니다.

내 더위 사라~!

바우가 아작아작 땅콩을 씹으며 도도를 불렀어요. 도도는 커다란 돌멩이를 들고 호두를 깨느라 바빴지요.

"도도야~."

"왜?"

"내 더위 사~라."

"응~! 앗, 어떡해! 더위 샀어!"

이런! 도도가 얼떨결에 대답하는 바람에 더위를 사고 말았어요. 어젯밤 엄마가 일러 주신 것을 깜박한 거예요. 정월 대보름날, 더위를 팔면 그 해에는 더위를 먹지 않는다는 말이 있어요. 더위를 사지 않으려면 대답 대신 "내 더위 사라!" 하고 먼저 말하면 되지요. 도도는 바둑이한테라도 더위를 팔아야 할까요?

신발 귀신 야광귀

"간밤에 야광귀가 다녀갔단다."
"네? 야광귀요? 헉! 진짜 귀신이 나타난 거예요?"
바우와 도도가 할머니 말씀에 귀를 쫑긋 세웠어요.
"정월 대보름 전날 밤, 야광귀는 하늘에서 내려와 마을을 어슬렁어슬렁 돌아다니지. 자기 발에 맞는 신발을 찾아서 훔쳐 가려는 거야."

야광귀는 특히 아이들 신발을 좋아한대요. 그래서 아이들은 방 안에다 신발을 감춰 놓거나 야광귀가 못 신게 신발을 엎어 놓았죠. 야광귀에게 신발을 뺏기면 그 해에 다치거나 병을 앓는 등 운이 없다고 생각했기 때문이에요.

"그런데 대문에 체를 걸어 뒀더니, 체 구멍 수를 세다가 동이 트니 도망가 버렸지 뭐냐. 고놈이 숫자 세기를 좋아하거든."

풍물패와 지신밟기

설날 다음 날부터 정월 대보름 사이에는 지신밟기도 해요.

지신밟기는 마을 풍물패가 집집마다 돌아다니면서 춤을 추고 풍악을 울리며 땅을 밟는 거예요. 집터를 지키는 신이 가끔 심술을 부릴 때가 있는데, 풍물패의 농악 소리와 함께 음식을 바쳐서 신을 위로하고 심술을 달래 주는 것이지요.

그러면 집터 신인 터주가 집으로 들어오려는 나쁜 기운을 막고, 집주인에게 복을 내린대요.

바우는 아침밥을 든든히 먹고 마을 어귀로 뛰어갔어요. 동네 아이들과 줄다리기를 하는 날이거든요. 올해도 바우네와 복길이네로 편을 나누어 줄다리기를 해요.

"영차! 여엉차!"

아이들이 구령에 맞춰 힘껏 줄을 잡아당겨요.

바우도 젖 먹던 힘까지 짜내어 힘껏 당겨요.

"영차! 여엉차!"

줄이 바우네로 갔다 복길이네로 갔다 막상막하예요.

그러다 주르르 복길이네가 무너졌어요.

"우아!"

바우네가 이겼어요. 대보름 밥을 많이 먹은 보람이 있네요.

달맞이와 쥐불놀이

둥그런 대보름달이 둥실 떠올랐어요.
이제 뒷동산에 올라 달맞이를 하는 시간이에요.
우리 조상들은 달이 풍요를 뜻한다고 생각했어요. 그래서 일 년 중 가장 큰 달이 뜬다는 정월 대보름달을 보며 가족의 건강과 마을의 풍요를 빌었지요.

달맞이를 끝낸 바우와 동네 남자 아이들은 달집을 태우러 가요. 솔가지와 짚더미를 쌓아 달집을 짓고 불을 지피며 놀지요. 이어서 쥐불놀이도 해요. 기다란 막대기 끝에 불을 달고 뱅뱅 돌리지요. 놀이가 끝날 때쯤에는 논에 불을 놓았어요. 그러면 잡초와 해충도 없어지고, 남은 재는 거름이 되거든요.
이제 곧 시작될 농사를 준비하는 것이에요.

도도의 우리 문화 노트

음력과 양력, 뭐가 달라요?

우리가 쓰는 달력은 해와 달을 기준으로 만들었어요. 오늘날 우리가 사용하는 양력은 지구가 태양 주위를 한 바퀴 도는 데 걸리는 시간을 1년으로 정해 만든 달력을 말해요.

양력을 처음 쓴 사람들은 이집트인들이었어요. 이집트 사람들의 역법이 로마에 전해져 만들어진 것이 율리우스력이지요. 이후 이 역법에 오차가 발견되자, 로마 황제 그레고리우스 13세는 오차를 바로 잡아 오늘날 사용하는 달력인 그레고리우스력을 만들었답니다.

태양을 중심으로 만든 달력이 바로 양력이야.

음력은 달이 지구 둘레를 한 바퀴 도는 데 걸리는 시간을 기준으로 정한 것이에요. 우리나라를 비롯한 동양의 국가들은 전통적으로 음력을 사용해 왔지만, 오늘날은 대부분 양력을 사용하고 있지요.

달의 움직임을 중심으로 만든 달력이 바로 음력이야.

여기서 잠깐!

윤달이란? 음력만 사용하다 보면, 태양의 변화를 따라갈 수 없어 달과 계절이 서로 어긋나게 돼요. 음력에서의 한 달은 29일과 30일을 번갈아 가며 사용하는데, 이를 다 더하면 1년에 354일밖에 안 되거든요. 1년을 365일로 하는 태양력과는 11일이 차이가 나지요. 그래서 계절의 변화에 맞추기 위해 2~3년마다 하루가 더 긴 달을 끼워 넣는데, 이 끼워 넣은 달을 '윤달'이라고 해요. 보통 19년 동안 일곱 개의 윤달을 두어요.

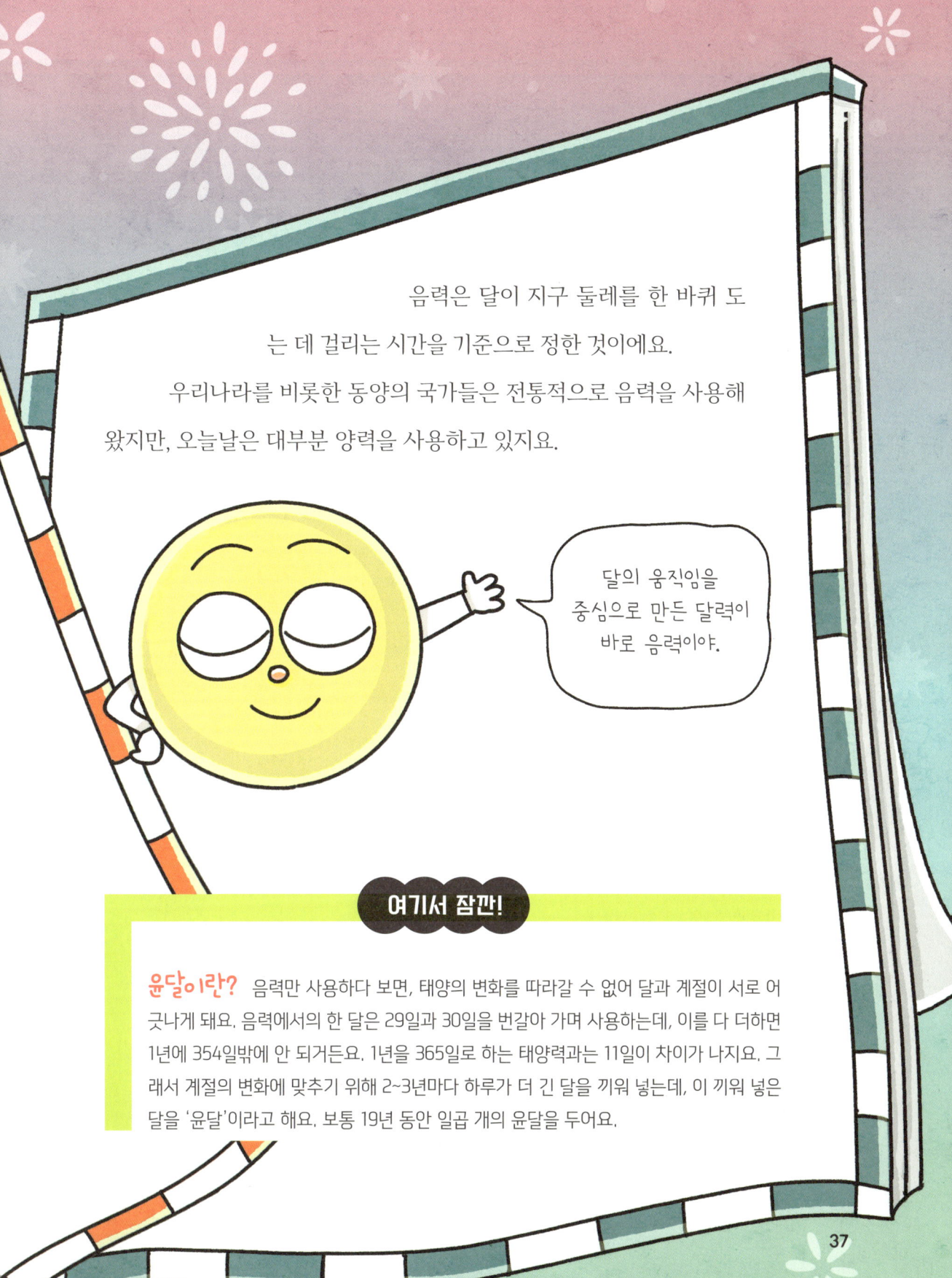

삼짇날

음력 3월 3일

강남 갔던 제비가 돌아온다는 삼짇날이에요. 나뭇가지에 새순이 돋고 산과 들에 푸릇푸릇 풀이 올라와요. 온 산에 분홍빛 진달래 꽃물이 든 따뜻한 봄날이에요.

바우 엄마는 아침 설거지를 마치고, 부지런히 외출 준비를 해요.

"어머니, 다녀오겠습니다."

"오냐. 오늘만큼은 집안일 다 잊고 재미나게 놀다 오려무나."

엄마는 할머니께 인사드리고 가벼운 발걸음으로 대문 밖을 나서요. 오늘은 동네 아주머니들과 꽃놀이를 하러 가는 날이거든요. 바우도 엄마 손을 붙잡고 덩달아 신이 났어요.

삼짇날은 '여자의 날'이라고도 불려요. 이날만큼은 여자들도 산으로 들로 자유롭게 나가 놀 수 있거든요. 대개 노인들은 노인들끼리, 젊은이들은 젊은이들끼리, 부인들은 부인들끼리 어울려 놀아요. 꽃놀이는 다른 말로 화전놀이라고도 해요. 화전은 찹쌀가루 반죽에 꽃잎을 붙여 기름에 지진 떡이에요. 이날은 화전이랑 다양한 음식을 먹으며 하루를 즐기지요.

마을 뒷동산은 화전 익어 가는 냄새가 가득해요. 엄마를 따라나선 동네 꼬마들이 진달래 꽃잎이 붙은 화전을 호호 불어 가며 맛있게 먹어요.

그때 팔랑팔랑 노랑나비가 날아왔어요.

"어머나, 올해도 운수가 좋으려나 보네."

복길이가 노랑나비를 반가워하며 말했어요.

장 담그는 날

삼짇날 장을 담그면 장맛이 좋다고 해요. 그래서 이 무렵이면 집집마다 장을 담갔어요. 우리 음식의 기본양념은 간장과 된장이므로, 일 년 내내 먹을 장을 담그는 일은 아주 중요한 행사예요.

장 담그기는 우선 겨울에 만들어 잘 띄워 놓은 메주를 가볍게 씻는 것부터 시작해요. 그다음 메주를 항아리에 차곡차곡 담은 후 소금물을 붓지요. 숯과 고추도 넣어요. 안 좋은 냄새도 없애고 항균 작용도 하기 때문이에요.

새 장을 담은 항아리에는 금줄을 치고 버선 모양의 종이를 거꾸로 붙여 부정한 것이 다가오는 것을 막았어요. 금줄에는 숯과 붉은 고추, 솔가지도 끼워 두었지요. 금줄을 쳐 놓으면 사람들이 함부로 드나들지 못해 안 좋은 세균 등이 들어오는 걸 막지요. 세균, 바이러스와 같은 것을 알지는 못했지만, 오랜 경험으로 금줄을 쳐 두면 장맛이 좋아진다는 것을 알았던 거예요.

이제 장이 발효되고 숙성되도록 40일 정도 기다려요. 그런 후 항아리에서 메주를 꺼내요. 이때 남은 소금물을 걸러 끓이면 간장이 되고, 꺼낸 메주를 으깨면 된장이 된답니다. 고추장은 찹쌀가루로 풀어 쑤어 여기에 고춧가루, 엿기름, 메주 가루, 소금 등을 섞어 발효시키면 돼요.

한식 동지에서 105일째 되는 날

오늘은 한식이에요. 이날은 불을 사용하지 않고, 온종일 찬 음식을 먹는 풍습이 있어요. 바우네 식구들도 전날 미리 만들어 놓은 음식으로 아침을 먹었어요. 그런데 한식은 다른 명절과 달리 음력을 기준으로 하지 않아요. 양력을 기준으로 하는 동지에서 105일째 되는 날이 바로 한식이지요.

바우가 산소 여기저기를 돌아다니며 구덩이들을 찾아내요. 한식날 무렵이면 한겨울에 얼어붙었던 흙이 녹아 부서져 내리기 때문에 구덩이도 생기고 무너져 내린 곳도 많아요. 이때 무덤을 손봐 놓지 않으면 여름 장마에 산소 안으로 빗물이 스며들 수 있어요.

여기도 메우자.

한식날에 무덤을 손보는 것은 이날은 무슨 일을 해도 탈이 없는 손 없는 날 또는 귀신이 꼼짝 않는 날로 여겼기 때문이에요. 그래서 묘에 손을 대거나 다른 곳으로 묘를 옮길 일이 있으면 한식날에 했지요.

오늘 한식날이라 일 안 해~

한식의 유래에 얽힌 두 가지 이야기를 들어 볼래요?

하나는 옛날 중국에서 전해진 이야기예요. 중국 진나라에 문공이라는 왕이 있었어요. 문공이 왕자였을 때, 개자추라는 신하가 어려움을 함께하고 살뜰히 돌봐 주었어요. 그러나 문공은 왕이 된 뒤 개자추를 잊고 말았지요. 뒤늦게 잘 못을 깨달은 문공이 개자추를 불렀지만, 개자추는 산으로 들어가 숨었어요.

문공은 개자추를 나오게 하려고 산에 불을 질렀어요. 하지만 개자추는 끝내

나오지 않고 타 죽고 말았지요. 문공은 개자추를 기리기 위해 불을 쓰지 않고, 찬 음식을 먹는 한식을 만들었대요.

  또 한 가지 이야기는 더 오랜 옛날로 거슬러 올라가요. 그 옛날 원시사회에서는 모든 것에 생명이 있다고 여겼어요. 생명이란 시간이 지나면 사라지고 새로운 생명이 생기게 마련이지요. 불도 마찬가지예요. 오래된 불은 생명력이 없을 뿐만 아니라 사람에게 나쁜 영향을 미친다고 여겼어요. 그래서 오래 사용한 불을 끄고 새로 불을 만들어서 사용하는 개화 의례를 하였답니다. 그러니까 한식은 옛날 불이 사라지고 새로운 불을 켜기까지 불이 없는 날이에요.

초파일 음력 4월 8일

"부처님, 식구들 모두 평안하고 건강하게 해 주세요!"

바우 할머니가 탑을 돌며 부처님께 소원을 빌어요. 바우랑 도도 할머니 뒤를 졸졸 따라다녔지요.

초파일은 부처님이 태어난 날이에요. 절에는 알록달록한 연등이 줄지어 달리지요. 초파일에는 워낙 많은 사람들이 모이다 보니 법당 밖까지 자리를 펴야 했어요. 그래서 '야외에서 크게 베푸는 설법의 자리'라는 뜻으로 '야단법석'이라는 말이 생겼지요. 오늘날에는 많은 사람들이 모여들어 떠들썩하고 부산스러울 때를 이르는 말로도 쓰인답니다.

우리나라는 아주 오래전에 불교를 받아들였어요. 그러다 보니 꼭 절에 다니지 않더라도 많은 사람들이 초파일을 기념하고 즐기게 되었어요. 오늘날 교회에 다니지 않는 사람들도 예수님이 태어난 날인 성탄절을 기념하며 즐기는 것처럼 말이에요. 초파일에는 육류나 어류를 먹지 않고 미나리강회, 나물, 느티떡 등을 먹어요. 생명을 함부로 죽이지 말라는 부처님의 가르침을 따르기 위해서지요.

바우네 마을이 예쁜 연등으로 반짝여요. 집집마다 며칠 전부터 만들어 놓은 등을 추녀 끝이나 나뭇가지에 달았거든요. 이때 등은 자녀 수만큼 밝히지요. 환한 불빛처럼 아이의 앞날에 좋은 일이 가득하기를 바라는 마음이 담겨 있어요.

"둥둥 두두둥! 텅텅 두더텅!"

바우와 도도는 바가지를 물동이에 엎어 놓고 두드리며 놀았어요.

단오 음력 5월 5일

창포물에 머리 감고 시원한 앵두화채를!

단오는 설, 추석과 함께 중요하게 여긴 명절이에요. 이날 마을 사람들은 잠시 바쁜 일손을 놓고 숨을 돌렸지요. 모내기를 할 무렵, 풍년을 바라는 마음으로 하루를 즐기며 새로운 기운을 얻는 거예요.

바우네 식구들은 창포물에 머리를 감았어요. 창포 잎과 뿌리를 삶아 만든 창포물에 머리를 감으면 머릿결이 고와지고 머리숱도 많아지며 좋은 냄새가 나지요. 또 창포 뿌리를 잘라 만든 비녀를 꽂으면 두통이 없어지고 나쁜 기운도 막아 준다고 믿었어요.

"앗, 수리취떡이다!"

할머니가 떡을 상에 올리자, 도도가 침을 꿀꺽 삼켜요.

"어? 이건 뭐지? 진짜 맛있어 보여요!"

"요게 바로 앵두화채란다. 떡이랑 같이 시원하게 먹으렴!"

바우와 도도는 단오 음식을 잘 챙겨 먹고 밖으로 나갔답니다.

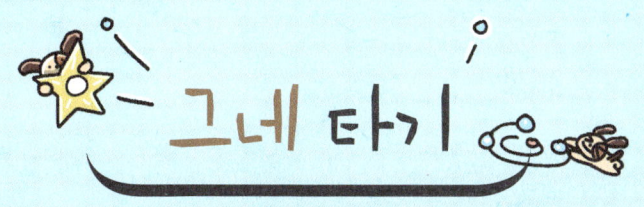

그네 타기

"오월 단오에 모기야, 물러가라!"

복길이가 그네를 타며 외치는 소리가 마을 곳곳에 울려 퍼져요.

단오에 그네를 타면 한여름에 모기에 물리지 않고, 더위도 타지 않는대요. 그래서 그네를 뛰면서 "모기야, 물러가라!" 하고 외치는 것이지요.

복길이가 그네 타는 솜씨는 마을에서 으뜸이에요. 한 번 구르고, 두 번 힘을 주면 그네가 푸른 하늘 위로 치솟지요. 이러다 구름까지 닿겠어요.

단옷날에는 어른, 아이, 남자, 여자 할 것 없이 고운 옷을 입고 그네를 탔어요.

한편, 단옷날에는 윗사람이 아랫사람에게 부채를 선물하기도 해요. 이것을 단오 부채 또는 한자 말로 단오선이라고 하지요. 궁궐에서도 임금님이 신하들에게 부채를 선물로 나누어 주었답니다.

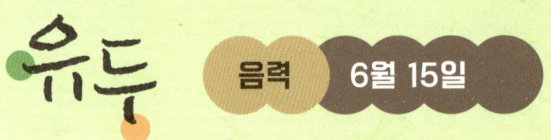 

유두 음력 6월 15일

"논에 벼를 심어 놓았으니 올 농사도 잘되게 해 주세요!"

이른 아침 바우네 식구들이 논둑에 음식을 차려 놓고 절을 올려요. 풍년 들기를 바라며 농사의 신에게 정성껏 제사를 지내는 거예요. 초록 벼들이 무럭무럭 자라는 논에 음식을 조금씩 떼어 던지면 제사가 끝나요.

오늘은 유둣날이에요. 유두에는 많은 집에서 조상님과 농사의 신에게 제사를 지내요. 일 년 중 반을 잘 보살펴 준 데 대한 감사한 마음을 담아 햇과일과 햇곡식을 올리는 거예요. 또 가을 농사가 잘되기를 바라는 마음도 담겨 있어요.

제사를 마치고 바우네 식구들은 물맞이를 하러 계곡으로 갔어요. 모내기와 파종을 마치고 나니 본격적인 여름이에요. 유둣날에는 한여름을 준비하며 더위와 나쁜 기운을 쫓는 풍속인 물맞이를 해요. 이날 동쪽으로 흐르는 물에 머리를 감고 몸을 씻으면, 나쁜 기운이 모두 흘러가 버린대요. 바우와 동네 아이들은 풍덩풍덩 물장구치며 놀았어요.

어른들은 남자는 남자끼리, 여자는 여자끼리 서로 안 보이는 곳에 자리를 잡고 유두잔치를 즐겨요. 시원한 물에 발을 담그고 참외, 수박과 함께 밀로 만든 전병과 국수를 먹었지요. 이날 국수를 먹으면 더위를 먹지 않고 장수한대요.

복날에는 왜 삼계탕을 먹을까?

삼복 기간은 일 년 가운데 가장 더운 때예요. 요즘으로는 대개 여름 방학 기간이지요. 음력 6월 유두 무렵부터 7월 입추 무렵 사이에 열흘 간격으로 초복, 중복, 말복이 있어요.

더운 여름 날씨에 힘들게 농사일을 하던 조상들은 복날에 몸에 좋은 음식을 먹으며 더위를 이겨 냈어요. 삼계탕, 과일 등 영양가 높은 음식을 먹어 건강을 지킨 것이죠. 또 팥죽을 쑤어 먹으면 더위를 먹지 않고 질병에도 걸리지 않는다 하여 팥죽을 먹기도 했어요.

닭과 인삼을 먹으면 무더운 여름에 기운이 난단다.

나는 삼복을 지나야 쑥쑥 자란다고~!

그리고 잠시 짬을 내어 계곡에 가서 참외나 수박을 먹으며 더위를 피하기도 했지요. 하지만 복날에는 아무리 더워도 목욕은 하지 않고 발만 물에 담그는 탁족을 했대요. 복날에 시내나 강에서 목욕을 하면 몸이 여윈다고 생각했기 때문이에요.

이렇게 힘든 삼복더위지만, 벼에게는 꼭 필요한 더위예요. '복날에 벼가 나이를 한 살씩 먹는다'라는 말이 있어요. 벼는 줄기마다 마디가 셋 있는데 복날마다 하나씩 생기며, 이것이 벼의 나이를 나타낸다는 것이죠. 이렇게 벼 마디가 셋이 되어야만 비로소 이삭이 패게 된답니다.

여기서 잠깐!

이열치열이란? 이열치열(以熱治熱)은 '열은 열로 다스린다'는 뜻이에요. 상대가 쓰는 방법과 똑같은 수단으로 맞서야 한다는 뜻으로, 상대가 힘으로 맞설 때는 힘으로 물리쳐야 한다는 뜻으로 쓰이기도 해요. 삼복더위에 뜨거운 음식을 먹을 때도 '이열치열'이라는 표현을 써요. 한방에서는 날씨가 더우면 몸 안이 차가워지고 추우면 몸 안이 더워지므로 더울 때는 몸속의 찬 기운을 따뜻한 음식으로 데우면 더위를 이겨 낼 수 있다고 여겨요. 한여름에 땀을 흘리며 뜨거운 삼계탕을 먹으며 몸 안의 차가운 기운을 덥혀 볼까요?

백중날 음력 7월 15일

"챙챙 챙챙챙! 덩덩 덩더쿵!"

마을 개울가에 풍물 소리가 흥겹게 울려 퍼져요.

"여름내 고생 많았어. 한잔 받게."

"아저씨가 더 수고하셨지요. 술 한잔 올릴게요."

바우 아버지와 돌쇠가 덕담을 주고받으며 음식과 술을 나누어요. 흥이 오른 복길이 아버지는 덩실덩실 어깨춤을 추어요. 오늘은 마을 어른들이 모여 온종일 먹고 마시며 노는 백중날이에요.

원래 백중은 불교의 명절이에요. 이날 절에서는 큰 예불이 있지요. 하지만 농촌에서는 이날을 '일하는 사람들의 날'로 삼았어요. 이날만큼은 여름내 땀 흘려 일한 농부들이 술과 음식을 장만하여 스스로를 위한 잔치를 벌여요. 농사를 도와준 일꾼들과 머슴들을 위해 주인집에서 이들을 대접하고 위하는 날이기도 하지요.

백중 무렵이면 여름철 중요한 농사일인 논매기와 밭매기를 마치고, 가을 수확 전에 잠시 여유가 생겨요. 이때 서로 도우며 농사일을 해온 마을 남자들이 모여 그동안의 수고를 위로하며 하루를 실컷 노는 '호미씻이'를 하는 거예요. 호미씻이란 말은 이제까지 풀을 매거나 흙을 일구면서 사용했던 호미를 씻어서 내년을 위해 걸어 두는 거예요. 이제 수확을 준비해야 하기 때문에 호미가 아니라 낫이 필요하지요.

한편 칠월 칠석(음력 7월 7일)부터 백중 무렵까지는 맑은 날이 이어져요. 그래서 이 시기에는 여름내 눅눅해진 옷과 책을 햇볕에 말리는 풍습이 있어요.

한가위

음력 8월 15일

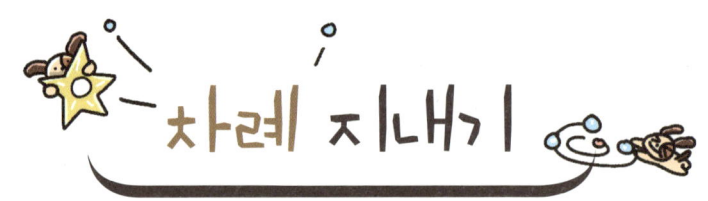

차례 지내기

한가위 아침이 밝았어요.

바우네 식구들은 추석빔으로 차려입고 정성스레 차례를 지내고, 성묘를 해요. 풍요를 가져다준 조상님께 햇곡식으로 빚은 송편과 각종 음식을 올려 감사한 마음을 표현하는 거예요. 바우네 남자들은 한가위가 되기 전에 미리 산소에 가서 여름내 무성하게 자란 풀을 가지런히 깎아 놓았어요.

조상님께 감사 인사를 마친 다음에는 하루 종일 실컷 먹고 마시며 밤늦게까지 놀아요. 아이들은 줄다리기를 하고, 남자들은 씨름으로 힘을 겨루고, 동물들의 힘겨루기인 소싸움이나 닭싸움 구경도 하지요. 오곡이 익는 계절인 한가위는 먹을 것도, 입을 것도, 놀 것도 풍성한 날이에요.

기특해라~.

보름달이 높이 떠오르는 밤이 되면 한가위 대표 놀이인 강강술래가 시작돼요.

"올해도 풍년 들게 해 주셔서 감사합니다."

목청 좋은 복길이 엄마가 먼저 노래를 시작해요.

그러면 다른 사람들이 입을 모아 "강강술래~" 하고 받으면서 둥그렇게 원을 그리며 춤을 추지요. 처음에는 느린 가락에 맞추어 천천히 걸으며 춤을 춰요. 그러다가 점점 빠른 가락으로 바뀌면 뛰어야 할 만큼 빨라지지요.

　　빙글빙글 뛰다가 지치면 다른 놀이도 해요. 그 가운데 '문 열기 놀이'가 있어요. 두 사람이 손을 맞잡고 서서 문지기가 되고, 다른 사람들이 허리를 숙이고 일렬로 그 문을 통과하는 놀이예요. 이때 문을 통과하는 사람들은 "문지기야 문지기야 문 열어라" 하고 노래를 불러요. 그러면 문지기들은 "열쇠 없어 못 열겠네" 하고 받지요. 그러다 행렬의 맨 마지막 사람을 붙잡으면 붙잡힌 사람이 다시 문지기가 돼요.

중양절 음력 9월 9일

"할머니, 우리도 단풍놀이 가요. 네? 복길이네도 갔대요."

"도도야, 오늘은 할미가 바쁘구나. 오빠랑 앞산에 단풍 구경 가렴."

도도는 아침부터 단풍 구경을 가자며 깨를 털고 있는 할머니를 졸랐어요. 단풍잎도 따고 고소한 국화전도 먹고 싶어요. 하지만 어른들은 할 일이 너무 많아요. 본격적인 가을걷이철이거든요.

오늘은 중양절이에요. 삼짇날 강남에서 온 제비는 돌아가고, 겨울 철새인 기러기가 찾아온다는 날이지요. 이날은 좋은 날이라 하여, 여유가 있는 집에서는 단풍놀이를 했어요. 우리 조상들은 3월 3일, 5월 5일, 7월 7일, 9월 9일 같이 홀수가 겹치는 날을 좋은 날로 여겨 기념했어요. 곱게 물든 단풍도 구경하고 국화도 감상하며 시를 짓고 그림도 그렸지요. 또 향기 좋은 국화로 술이나 차도 담가 마시고 전을 부쳐 먹기도 했어요.

"도도야, 이리 와 봐!"
바우는 국화꽃이 활짝 핀 곳으로 도도를 불렀어요. 소국을 한 줌 꺾어 도도 손에 쥐어 주었지요.
"우아, 예쁘다! 이것도 가방에 챙겨야지!"
그렇게 가을은 무르익어 갔어요.

견우와 직녀가 만나는 날, 칠월 칠석

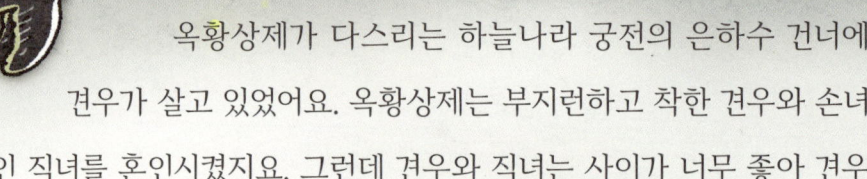

　옥황상제가 다스리는 하늘나라 궁전의 은하수 건너에 견우가 살고 있었어요. 옥황상제는 부지런하고 착한 견우와 손녀인 직녀를 혼인시켰지요. 그런데 견우와 직녀는 사이가 너무 좋아 견우는 농사일을 게을리하고 직녀는 베 짜는 일을 게을리했어요. 그러자 하늘나라가 혼란에 빠지고, 사람들도 홍수와 가뭄으로 고통받게 되었어요.

　이것을 본 옥황상제는 크게 노하여 두 사람을 은하수 양쪽에 각각 떨어져 살게 하였어요. 견우와 직녀는 은하수를 사이에 두고 서로 애만 태웠지요. 부부의 안타까운 사연을 알게 된 까마귀와 까치 들은 해마다 칠석날에 이들이 만나도록 하늘로 올라가 다리를 놓아 주었어요. 이것이 오작교랍니다.

칠석 다음날 까마귀와 까치의 머리를 보면 모두 벗겨져 있는데 그것은 오작교를 놓느라 그런 거래요. 칠석날에는 비가 내리는데 하루 전에 내리는 비는 만나서 흘리는 기쁨의 눈물이고, 이튿날 내리는 비는 헤어지면서 흘리는 슬픔의 눈물이랍니다.
　이 시기에는 호박이 잘 열고, 오이와 참외가 많이 나올 때이므로 호박 부침을 만들어 먹었대요.

상달 음력 10월

오늘은 집안을 보살펴 주는 신들에게 제사를 올리는 날이에요. 바우 할머니는 이른 아침 일어나 정성껏 시루를 쪄요.

팥시루떡은 집안의 으뜸 신인 성주신을 비롯하여 집터를 지키는 터주신, 부엌을 지키는 조왕신, 장독간을 지키는 철륭신, 아기를 점지하고 보살펴 주는 삼신 등 집안의 신들에게 올릴 거예요.

"일 년 열두 달 모두 건강히 잘 지내게 해 주세요."

할머니는 성주신에게 햇곡식으로 만든 술과 팥시루떡, 과일, 돼지고기 등을 올리며 빌고, 또 빌어요.

음, 냄새 좋군!

상달은 음력 10월을 다르게 부르는 말이에요. 햇곡식을 신에게 드리기에 가장 좋은 달이라는 뜻이지요. 상달이 되면 집집마다 좋은 날을 잡아 고사를 지내요. 집안 신들에게 그해 수확에 감사한 마음을 담아 햇곡식과 햇과일로 마련한 제물을 올리는 거예요. 바우 할머니는 성주신에게 올린 떡을 나눠 담아 부엌, 광, 대문간, 우물, 외양간 등에 가져다 두어요.

집 안 곳곳에 잠시 떡을 두었다가 거둬들이면 고사가 끝나지요.

이제 집안 식구들과 이웃들이 나누어 먹을 차례예요.

"바우야, 이웃집에 떡 돌리고 오너라."

우리 집을 지키는 신들은?

옛 사람들은 햇곡식이 풍성한 상달에 집안의 여러 신들에게 고사를 지냈어요. 집을 지키는 성주신, 집터를 지키는 터주신, 부엌을 지키는 조왕신, 자녀를 점지하는 삼신 등이지요. 우리 집을 지키는 가신들을 살펴볼까요?

나는 집을 지키는 **성주신**이야. 사람들은 주로 대들보나 마루 귀퉁이에 쌀이 담긴 단지를 두고 나를 모셨지.

나는 부엌을 지키는 **조왕신**이야. 불의 신이라고도 불리지. 사람들은 부엌 한쪽에 깨끗한 물이 든 그릇이나 항아리를 두고 나를 모셨어.

나는 주로 안방에 자리하고 있는 **삼신**이야. 자녀를 점지하고 아이들을 지키는 일을 맡지.

나는 집터를 지키는 **터주신**이야. 사람들은 장독대에 햅쌀을 담은 독을 두고 나를 모셨지.

여기서 잠깐!

장승이란? 장승은 마을이나 절의 입구, 길가에 세운 사람 머리 모양의 기둥이에요. 돌로 만든 석장승과 나무로 만든 목장승이 있지요. 장승은 마을 입구에 서서 나쁜 기운을 막는 마을의 수호신이랍니다. 장승의 표정은 다양하게 읽혀요. 어찌 보면 무섭고, 어찌 보면 익살스럽지요. 때로는 슬픈 표정인 듯하지만, 때로는 기쁜 표정이고요. 마을의 수호신으로 사람들의 마음을 어루만져야 하다 보니, 이렇게 다양한 표정을 담게 된 거겠죠?

겨울이 시작되기 전, 김장을 해요

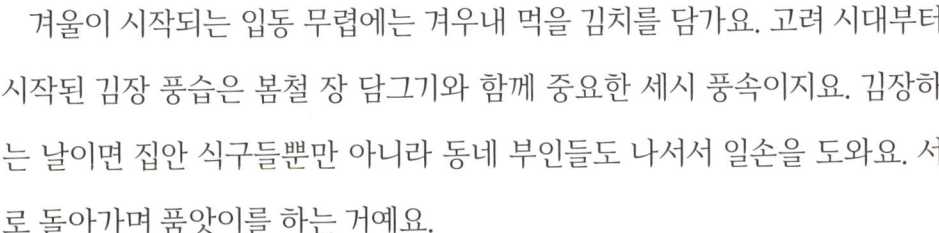

　겨울이 시작되는 입동 무렵에는 겨우내 먹을 김치를 담가요. 고려 시대부터 시작된 김장 풍습은 봄철 장 담그기와 함께 중요한 세시 풍속이지요. 김장하는 날이면 집안 식구들뿐만 아니라 동네 부인들도 나서서 일손을 도와요. 서로 돌아가며 품앗이를 하는 거예요.

　김장 김치는 우리 조상들의 지혜가 담긴 음식이에요. 추운 겨울에는 자칫 채소를 먹지 못해 건강을 해칠 수 있어요. 이를 막기 위해 무, 배추 등을 한꺼번에 김치로 담가 저장해 두고 햇채소가 날 때까지 먹으며 건강을 지켰어요. 고추와 젓갈을 섞어 담는 김치는 우리나라 김치만의 고유한 특징이에요. 이렇게 하면 비타민과 단백질을 한꺼번에 섭취할 수 있답니다. 고추에는 비타민 C가 매우 많고, 갈치젓, 조기젓, 멸치젓, 새우젓 등에는 단백질이 풍부하지요.

　김치를 담그는 방법은 지역마다 달라요. 북쪽 지방은 기온이 낮으므로 간을 싱겁게 하고, 양념도 담백하게 하여 채소 그대로의 맛을 살렸어요. 반면에 남쪽 지방은 기온이 비교적 높으므로 젓갈을 많이 사용해서 약간 짜게 담갔지요.

　저장 방법도 아주 중요해요. 보통은 땅속에 김칫독을 묻고 짚방석을 만들어 덮어 두었어요. 이렇게 하면 김치를 일정한 온도로 보관할 수 있어요. 볏짚에서 잘 번식하는 미생물은 김치가 맛있게 숙성되도록 돕지요.

여기서 잠깐!

김치는 언제부터 먹었을까? 우리나라 사람들은 김치를 아주 오래전부터 먹어 왔어요. 자료에 의하면 삼국 시대 이전부터 김치를 담갔다고 해요.

처음에는 주로 소금에 절인 장아찌로 담가 먹다가, 차츰 다양한 김치로 발전했지요.

특히 고려 시대에 불교의 영향으로 고기를 잘 먹을 수 없게 되자, 다양한 채소 음식이 발달했는데, 이때 파, 마늘, 생강 등이 들어간 양념 김치가 등장했지요. 동치미와 같은 물김치도 담가 먹기 시작했답니다.

조선 시대에 농업이 발달하여 채소 종류가 많아지면서 김치 종류는 더욱 다양해졌어요. 오이소박이, 총각김치, 깍두기 등 지금 우리가 먹는 김치가 등장했지요. 특히 임진왜란 이후 일본을 통해 고추가 들어오고, 1700년대 중반 통이 크고 속이 꽉 찬 결구형 배추가 중국을 통해 전래되면서 지금과 같은 배추김치를 많이 담가 먹게 되었어요.

제기 차고 썰매 타고

"끼야호!"

오늘은 24절기의 스물두 번째 절기인 동지예요. 동지는 일 년 중 밤이 가장 길고 낮이 가장 짧은 날이지요.
"아이고, 눈이 오네! 내년에도 풍년이겠네."
바우 할머니가 내리는 눈이 반가운 듯 말해요. 동짓날 날씨가 춥고 눈이 많이 오면 풍년이 들 징조라고 여겼거든요.

"호잇!"
"하나"
"둘"
"셋"
"잘한다!"

"잘 먹었습니다."

 팥죽을 부지런히 먹은 바우와 도도가 부리나케 밖으로 나가요. 눈이 내리니 눈도 굴리고, 눈싸움도 해야 해요.

 이제 본격적인 겨울이라 하루해가 모자랄 정도로 놀 게 많아요. 개울물이 얼었으니 얼음판에서 팽이도 치치고 썰매도 타야 해요. 또 정월 대보름까지 연도 실컷 날릴 수 있지요. 게다가 친구들과 하는 제기차기는 얼마나 재밌게요. 겨울 해는 짧으니 부지런히 나가 놀 수밖에요.

섣달그믐

음력 **12월 마지막 날**

오늘은 한 해의 마지막 날이에요.

"우아, 나 복만두 들었다!"

만둣국으로 저녁을 먹던 도도가 신이 나서 외쳐요.

복만두는 만두 하나에 손톱만 한 만두가 여러 개 들어 있는 만두예요. 이 복만두를 먹으면 새해에 복이 많이 든다고 해요.

"딱! 따딱!"

이집 저집에서 대나무 폭죽 터지는 소리가 들려요. 집 안에 숨어 있던 잡귀들이 놀라서 도망가라고 대나무를 태워 요란한 소리를 내는 것이지요.

한 해의 마지막 날인 섣달그믐은 모든 일을 정리하는 날이에요. 빌린 물건이나 돈은 모두 돌려주고, 미뤘던 일도 마무리 지어요. 그리고 집 안을 깨끗이 청소하고 환하게 불을 밝혀 두어요. 다락, 마루, 방, 부엌뿐만 아니라 외양간, 화장실까지 환하게 켜 놓지요. 이렇게 밤새 불을 밝혀 두면 집 안에 복이 들어오고 잡귀를 쫓는다고 믿었거든요.

이날은 어른 아이 할 것 없이 잠을 자지 않으며 묵은해를 보내고 새해를 맞이해요. 바우와 도도는 이번에는 반드시 깨어 있으리라 다짐해요.

"지금 자면 눈썹이 희게 센다."

그러나 할머니 목소리는 저 멀리 사라져요.

"자면 안 되는데…, 안 잘 건데…. 드르렁 쿨."

다음날 아침…

절기가 뭐냐고?

"휴우, 오라버니 실망이야. 입춘도 모른다고?"

"체험 학습 하면서 입춘은 들어 본 적이 없는데… 내가 까먹었나?"

도도는 혀를 쯧쯧 차면서 바우에게 달력을 들이밀었어요.

"봐 봐, 여기 입춘이라고 적혀 있지? 입춘은 봄의 시작을 알리는 절기야, 절기."

"절기? 그건 또 뭐래."

"명절은 가족과 마을 사람들이 함께 즐기는 날이지! 하지만 절기는 달라. 농사에 관한 날이거든."

우리나라는 봄, 여름, 가을, 겨울, 사계절이 있어요. 옛날 우리 조상들의 생활은 계절의 영향을 많이 받았어요. 대부분 농사를 지었기 때문에, 계절의 변화를 잘 살펴야 했거든요. 그래서 계절에 따라 24절기를 정해 때에 맞춰 농사일을 했지요.

우리 조상들은 달의 변화를 기준으로 만든 음력을 주로 사용했어요. 하지만 음력은 농사를 짓는 기준으로 삼기에는 알맞지 않았어요. 계절은 태양의 움직임에 따라 변하기 때문이지요. 그래서 조상들은 태양의 움직임에 따라 변하는 양력을 기준으로 24절기를 사용했답니다.

봄의 절기

"도도야, 그런데 왜 논에 소가 있어?"

"딱 보면 모르겠어? 쟁기질할 거야."

"뭐? 쟁기질?"

"오늘은 절기로 청명~! 봄 농사를 시작하는 날이야. 우선 겨우내 꽁꽁 언 땅을 갈아엎어야 해. 그래야 땅에 영양분이 많아지거든. 자, 내가 쟁기질을 할 테니, 오라버니는 내 뒤를 졸졸 따라오면서 땅을 고르라고. 알았지?"

도도가 소에게 다가가서 귓속말을 하자, 소는 고개를 끄덕이며 움직이기 시작했어요.

"도도야, 너 소랑 말도 하니?"

"헤헤, 당연하지! 난 동물 친구가 더 많다고."

 여름의 절기

"아니, 왜 갑자기 덥지?"

"오라버니, 이건 체험 학습이잖아. 계절을 바꿔야 해서 내가 시간을 좀 빨리 돌렸어. 지금은 6월이라고!"

바우와 도도가 모내기에 나섰어요. 오늘은 망종! 모내기를 시작하는 절기이지요. 모내기는 모판에서 키운 모를 논에 옮겨 심는 일이에요.

"으아, 이걸 다 심어야 한다고? 처음부터 그냥 논에다 볍씨를 뿌리면 편했을 텐데…."

"모르는 소리! 이렇게 일정한 간격을 두고 심어야 벼가 잘 자란다고!"

 가을의 절기

바우와 도도는 뿌듯한 마음으로 너른 논을 바라봤어요.

"우아, 저게 바로 황금벌판이라는 거지? 내가 심은 벼가 저렇게 잘 영글다니…, 이런 게 농부의 마음일까?"

"흠, 오라버니! 감성에 젖을 때가 아니야. 저걸 우리가 다 베야 한다고."

"뭐? 기계가 왔다 갔다 하면 금방 되던데!"

"이건 체험 학습이잖아. 전통 방식대로 해야지. 자, 낫 들고 따라와!"

겨울의 절기

이곳은 작은 초가집이에요. 밖에는 눈이 펑펑 내리고 방바닥은 따뜻해요.

"오라버니, 눈이 펑펑 내리는 날 홍시 먹는 거, 나의 로망이었어!"

"홍시? 어디, 어디 있는데?"

"홍시는 마당 장독대에 가득 담겨 있어. 오라버니가 가져오기만 하면 돼."

"뭐? 밖에 눈이 펑펑 오는데 나보고 나갔다 오라고? 싫어~."

"나는 짚으로 신발이랑 가방 만들어야 한다고. 체험 학습 기념품으로 가져가야 한단 말이야."

복길이 동생이 태어났어요!

열두 띠가 뭐냐고?

　우리 조상들은 예부터 동물을 좋아하고 아꼈어요.
그중에 열두 동물을 정하고, 한 해마다 하나씩 짝지어 이름을 붙였답니다.
　열두 동물은 쥐부터 시작해서 소, 호랑이, 토끼, 용, 뱀, 말, 양, 원숭이, 닭,
개, 돼지로 끝나요. 쥐의 해부터 돼지 해까지 한 바퀴를 돌면 12년이 걸려요.
그러면 또다시 쥐의 해가 시작되지요.
　그리고 아기가 태어나면 그 해를 상징하는 동물로 '띠'를 정했어요. 소의
해에 태어나면 소띠, 호랑이 해에 태어나면 호랑이띠가 되는 거죠.
　또한 사람의 성격이나 삶이 태어난 해의 동물과 닮는다고 생각했답니다.
　우리 조상들은 또한 열두 동물이 열두 방향을 맡아 땅을 지킨다고 여기며
이들을 '십이지신'이라고 불렀어요. 십이지신은 얼굴은 동물이고 몸은
사람의 모습이지요. 절에 있는 건물과 탑, 무덤 등에 십이지신을 그리거나
새겨 액운을 쫓아 달라고 빌기도 했답니다.

열두 띠는 순서대로 돌아가요

열두 동물은 어떻게 뽑혔을까?

옛날옛날 아주 먼 옛날 이야기란다.

그때는 인간 세상에 시간도 없고, 질서도 없어서 몹시 혼란스러웠어. 인간 세상을 안쓰럽게 내려다보던 하느님은 사람에게 시간과 살아가는 지혜를 선물하기로 마음먹었지. 그래서 지혜를 가진 동물들 가운데 열두 동물을 뽑아 인간 세상에 내려 보내기로 했단다.

그런데 누구를 어떻게 뽑을지가 고민이었어. 그러다 문득 좋은 생각이 떠올랐지. 달리기 경주를 해서 하늘 나라 문에 도착하는 순서대로 열두 동물을 뽑기로 한 거야.

소식을 들은 동물들은 열심히 달리기 연습을 했어. 그 가운데서도 소가 가장 열심이었지.

하지만 아무리 열심히 해도 날쌔고 용맹한 호랑이나 재빠른 토끼나 말, 하늘을 나는 용을 이길 자신이 없었어.

그래서 소는 하늘 나라 문을 향해 섣달그믐부터 부지런히 걷기 시작했지. 소는 뚜벅뚜벅 걷고 또 걸어서 제일 먼저 문에 도착했어.

그런데 그 순간, 쥐가 소 등에서 폴짝 뛰어내려 먼저 들어갔지 뭐냐. 달리기에 자신이 없었던 쥐는 꾀를 내어 가장 부지런한 소 등에 올라탔던 거야. 소는 억울했지만 어쩔 수 없었지. 그렇게 쥐와 소가 달리기 시합에서 1, 2등이 되었단다. 그 뒤로 호랑이, 토끼, 용, 뱀, 말, 양, 원숭이, 닭, 개, 돼지 순으로 도착했어.

동물 신들은 인간 세상을 보살피며 사람들에게 저마다의 지혜를 가르쳐 주었어. 사람들은 각자 자기 띠 동물의 지혜를 본받아 살기 시작했지. 그 뒤로 인간 세상은 질서가 생기고 살기 좋게 되었다는구나.

시간도 열두 동물로 정해요

우리 조상들은 하루의 시간도 십이지(十二支)로 나누어서 계산했어요. 자(子)는 쥐, 축(丑)은 소, 인(寅)은 호랑이, 묘(卯)는 토끼, 진(辰)은 용, 사(巳)는 뱀, 오(午)는 말, 미(未)는 양, 신(申)은 원숭이, 유(酉)는 닭, 술(戌)은 개, 해(亥)는 돼지를 뜻해요. 이것은 열두 동물들이 각각 활발하게 활동하는 시간에 맞춰 정한 것이라고 해요. 예를 들어 자시는 23시에서 1시까지인데, 이 시간에 쥐는 가장 활발하게 활동해요. 또 축시인 1시에서 3시는 먹이를 충분히 먹은 소가 아주 편안하게 되새김질하는 시간이지요.

우리나라에만 띠가 있는 것은 아니에요. 인도의 10진법과 불교를 받아들인 나라마다 그 나라의 문화나 환경, 형편에 따라 동물을 정해 띠를 만들었어요.

우리나라와 중국, 일본은 띠 동물의 순서와 종류가 똑같아요. 그런데 몽골족은 동물의 종류는 같지만 순서가 달라요. 태국의 띠는 우리나라와 순서는 같지만 마지막 띠가 돼지가 아니라 코끼리예요. 심지어 어떤 민족은 개미띠까지 있다고 해요.

열두 띠 동물, 십이지신

십이지시	동물	시간	특성
자시	쥐	23시~1시	쥐가 먹이를 찾아 가장 활발하게 활동하는 시간이에요.
축시	소	1시~3시	충분한 먹이를 먹은 소는 이 시간에 아주 편안하게 되새김질을 해요.
인시	호랑이	3시~5시	호랑이가 가장 활발하게 움직이는 때예요.
묘시	토끼	5시~7시	토끼가 굴 밖으로 나오는 시간이에요. 전설에 따르면 달에 사는 옥토끼가 방아를 찧느라 바쁜 때라고 해요.
진시	용	7시~9시	전설에 따르면, 용이 비를 뿌리기 위해 하늘에 멈춰 떠 있는 때라고 해요.
사시	뱀	9시~11시	뱀은 이 시간에 굴에서 기어 나와요.
오시	말	11시~13시	태양이 가장 높이 떠 있는 한낮이에요. 다른 동물들은 모두 누워 쉬지만, 말은 계속 서 있어요.
미시	양	13시~15시	양이 부지런히 풀을 뜯는 시간이에요.
신시	원숭이	15시~17시	원숭이는 이 시간에 가장 활기 넘쳐요.
유시	닭	17시~19시	닭이 잠을 청하러 우리로 되돌아가는 시간이에요.
술시	개	19시~21시	밤을 지키는 개의 시력과 청력이 가장 좋아지는 때예요.
해시	돼지	21시~23시	돼지는 이 시간에 코를 골며 단잠에 빠져요.

도도 가방에는…

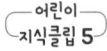

타임 슬립 체험 학습 명절과 절기

초판 1쇄 발행 2021년 9월 15일
초판 4쇄 발행 2024년 12월 6일

글	배영하
그림	홍그림
편집	전현정 이선아 김서중 김채은 정윤경 | **디자인** 샘솟다
제작	박천복 김태근 고형서 | **홍보 디자인** 최진주
펴낸이	김경택
펴낸곳	(주)그레이트북스
등록	2003년 9월 19일 제313-2003-000311호
주소	서울시 구로구 디지털로31길 20 에이스테크노타워5차 12층
대표번호	(02) 6711-8673
홈페이지	www.greatbooks.co.kr
ISBN	978-89-271-9950-2 74700
	978-89-271-9246-6(세트)

※이 책은 저작권법에 따라 보호받는 저작물이므로 무단전재와 무단복제를 금합니다.

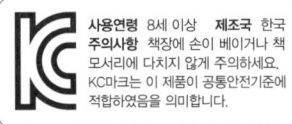